MEDITACIÓN

La Mejor Guía De Meditación Para La Meditación

(Una Guía Paso A Paso A Estar Más Consciente Y Profunda Conexión Contigo Mismo)

Guy Puga

Publicado Por Daniel Heath

© Guy Puga

Todos los derechos reservados

Meditación: La Mejor Guía De Meditación Para La Meditación (Una Guía Paso A Paso A Estar Más Consciente Y Profunda Conexión Contigo Mismo)

ISBN 978-1-989853-73-3

Este documento está orientado a proporcionar información exacta y confiable con respecto al tema y asunto que trata. La publicación se vende con la idea de que el editor no esté obligado a prestar contabilidad, permitida oficialmente, u otros servicios cualificados. Si se necesita asesoramiento, legal o profesional, debería solicitar a una persona con experiencia en la profesión.

Desde una Declaración de Principios aceptada y aprobada tanto por un comité de la American Bar Association (el Colegio de Abogados de Estados Unidos) como por un comité de editores y asociaciones.

No se permite la reproducción, duplicado o transmisión de cualquier parte de este documento en cualquier medio electrónico o formato impreso. Se prohíbe de forma estricta la grabación de esta publicación así como tampoco se permite cualquier almacenamiento de este documento sin permiso escrito del editor. Todos los derechos reservados.

Se establece que la información que contiene este documento es veraz y coherente, ya que cualquier responsabilidad, en términos de falta de atención o de otro tipo, por el uso o abuso de cualquier política, proceso o dirección contenida en este documento será responsabilidad exclusiva y absoluta del lector receptor. Bajo ninguna circunstancia se hará responsable o culpable de forma legal al editor por cualquier reparación, daños o pérdida monetaria debido a la información aquí contenida, ya sea de forma directa o indirectamente.

Los respectivos autores son propietarios de todos los derechos de autor que no están en posesión del editor.

La información aquí contenida se ofrece únicamente con fines informativos y, como tal, es universal. La presentación de la información se realiza sin contrato ni ningún tipo de garantía.

Las marcas registradas utilizadas son sin ningún tipo de consentimiento y la publicación de la marca registrada es sin el permiso o respaldo del propietario de esta. Todas las marcas registradas y demás marcas incluidas en este libro son solo para fines de aclaración y son propiedad de los mismos propietarios, no están afiliadas a este documento.

TABLA DE CONTENIDO

Parte 1 1

Prologo 2

Sección 1: ¿Qué Es La Meditación? 4

Capítulo 1: La Meditación Existe Más Allá De Tu Mente 4

Capítulo 2: Beneficios De La Meditación 7

Capítulo 3: Cómo Funciona La Meditación. 12

Capítulo 4: La Meditación En Movimiento. 14

Sección 2: Como Incorporar La Meditación En Tu Vida. 17

Capítulo 5: Como Prepararte Para Meditar. 17

Capítulo 6: Como Meditar 24

Capítulo 7: Alternativas De Meditación 31

Capítulo 9: La Alimentación Consiente Como Parte De La Meditación. 36

Epílogo 39

Parte 2 41

Introducción 42

Los Beneficios De La Meditación 43

7. Chakra Corona (Color Violeta) 45
6. Chakra Del Tercer Ojo (Color Índigo) 46
5. Chakra De La Garganta (Color Azul) 46
4. Chakra Del Corazón (Color Verde) 47
3. Chakra Del Plexo Solar (Color Amarillo) 49
2. Chakra Sacro (Color Naranja) 49
1. Chakra De La Raíz (Color Rojo) 50

Cómo Meditar Correctamente En 5 Sencillos Pasos 52

Paso 1: Encuentra Un Lugar Y Momento Adecuados 52
Paso 2: Escoge La Postura Apropiada 54

Paso 3: Sintoniza Tu Estado Mental 57
Paso 4: Enfócate En Tu Respiración 62
Paso 5: Alcanza Un Nivel De Meditación Superior 65

Diferentes Formas De Meditar Y Sus Beneficios................. 67

Meditación De Sanación Energética 68
Meditación De Mantra Universal... 69
Meditación De Relajación 70

Conclusión 72

Parte 1

PROLOGO

Una de las formas más fáciles de cultivar más felicidad y paz en la vida. La meditación ayuda a construir conocimiento y autoestima, a tomar decisiones sabias y hábilmente, escuchar tu verdad, mejorar la comunicación, potenciar la productividad y la creatividad. Si estás leyendo mi libro, es probable que hayas tomado la decisión de traer más sabiduría a tu vida. Incluso una meditación de 15 minutos puede cambiar tu vida significativamente.

Sin embargo, si eres principiante puede que no sepas como meditar para obtener el máximo beneficio. He meditado por más de 10 años y actualmente puedo decir quemi día no está completo sin meditar. Es por eso que en este libro vas a descubrir cómo utilizar prácticas de meditación en tu día a día y deshacerte de muchos problemas de salud.

Puede parecer complicado al principio ya que muchos tenemos problemas tomando control de nuestra mente pero una vez lo dominas, vas a potenciar significantemente tu salud física y mental, combatir el estrés, incrementar tu productividad y maximizar tu habilidad de concentración y estar consciente de lo que pasa a tu alrededor.

Las personas que meditan diariamente experimentan bajos niveles de estrés, ansiedad y preocupación; y tienden a ser más productivos, positivos, exitosos, sanos y felices. Disfruta aprendiendo lo básico de la meditación y las maneras de incorporarlo en tu rutina diaria.

Sección 1: ¿Qué es la meditación?

Capítulo 1: La meditación existe más allá de tu mente

El estado de maravillosa e irreflexiva conciencia, es lo que la meditación provee, una oportunidad única de transformar tu mente en un intrincado nivel espiritual. Te permite fomentar una nueva, enriquecedora y positiva manera de "ser". La meditación no es sobre hacer o esfuerzo; simplemente es un estado de conciencia espiritual.

Sin embargo cuando se trata de meditación, tu mente esta impotente porque todo lo que puede hacer o lograr no estáconcentrado a la meditación. Tu mente no es capaz de una meditación profunda porque la meditación comienza donde tu mente termina.

Muchas personas piensan que meditar es solo sentarse en la posición de loto, estar en silencio con los ojos cerrados y hacer nada. Esa es la razón más grande porque muchos creemos que meditar es aburrido y no tiene beneficios.

Cuando se trata de meditar, tu mente no puede hacer nada sin importar cuanta fuerza pongas en ello. Tu mente no puede meditar, asi que si alguna vez lo intentas y fallas, es porque no alcanzaste el punto másallá de tu mente.

Hay una gran cantidad de métodos y técnicas que ayudan a maximizar tu experiencia en meditación y descubrir tu verdadera naturaleza. Las técnicas que yo voy a compartir contigo en la siguiente sección van a enseñarte a concentrarte con tu mente, tomar el control y liberarte de ella.

El vaciado de la mente es necesario para una meditación exitosa. A menudo escucho a la gente decir "No puedo alcanzar un estado de meditación, no puedo meditar". Primero que nada, quiero que entiendas que meditar no es una meta ni un logro, es tu verdadera naturaleza que ya existe dentro de ti pero permanece inalcanzable.

Cada uno de nosotros ha estado

meditando desde la niñez. Mientras que algunos logran descubrirlo cuando crecen, otros mueren sin saber su verdadero espíritu natural. Si estás leyendo mi libro, lo másprobable es que estés luchando porque tu meditación prospere. Estas buscando algo más en la vida – mayor bienestar, más energía, más paz mental, más felicidad o más significado.

Mientras tú pacientemente y consistentemente aprendes como ir másallá de tu mente podrás gradualmente crear una intensa, poderosa, pacífica y feliz vida. La meditación va a llevarte y guiarte en la verdad y darte un nuevo significado de la vida.

Me gusta considerar mi práctica de meditación como una especie de viaje, tan ridículo como pueda sonar, tengo mi propio destino; un destino donde me siento feliz. Meditar me ayuda a alcanzar ese destino, ofreciéndome numerosas rutas alternativas.

Capítulo 2: beneficios de la meditación

La meditación incrementa una riqueza de beneficios para la salud además de combatir el estrés. Cuando empecé por primera vez a meditar, no podía ni pensar en cómo iba a cambiar mi vida entera. Meditar me ha hecho más feliz, saludable y mucho másexitoso, tambien ha mejorado mi vida social, mi autocontrol y mi productividad.

Vivimos en un tiempo extremadamente caótico y estresante donde nuestro sistema nervioso es el que más sufre, desencadenando una serie de enfermedades y condiciones incluidas losproblemas del corazón y el cáncer. Cientos de estudios han sido llevados a cabo para probar los beneficios a la salud de una práctica regular de meditación y aquí hay algunos de los mejores:

1. Fortalece el sistema inmune.

Una investigación conducida por la Universidad Estatal de Ohio que involucraba paciente con cáncer encontró que la relajación ayuda a impulsar la inmunidad de los pacientes. Un sistema inmune fuerte significa un proceso de recuperación más rápido y previene nuevas aflicciones de salud. La relajación diaria y progresiva de los músculos puede disminuir el factor de riesgo de cáncer de mama.

Yo no podía alardear de buena salud hasta que empecé mi viaje de meditación. Gastaba muchísimo dinero en medicamentos que eventualmente no curarían pero si dañarían mi cuerpo. La razón central de mi mala salud era un sistema inmune débil debido a mi vida tan estresante.

La meditación promueve la relajación que da a tu cuerpo gran resistencia a virus y tumores. No hay duda de porque los doctores recomiendan a las personas con cáncer el meditar diariamente.

2. Incrementa la fertilidad.

Múltiples estudios han indicado que las mujeres que están más relajadas y menos estresadas son másprobables de concebir que aquellas que tiene un estilo de vida estresante. Por otra parte, hombres con altos niveles de estrés tienden a tener un conteo de esperma reducido, y la meditación tambien ayuda a la fertilidad de los hombres.

3. Alcanzar un balance emocional.

Cuando tus emociones están balanceadas, eres libre del comportamiento neurótico producto de una existencia de un traumado y torturado ego. Es complicado arreglar tal neurosis y dañado estado emocional, pero la meditación puede hacer el truco.

Una vez eres libre de tus cargadas memorias emocionales, eres capaz de alcanzar un balance emocional y traer felicidad y positivismo a tu vida. Las personas con un balance emocional siempre recomiendan meditar, diciendo que es una gran forma de vivir plenamente.

4. Regular la presión sanguínea

Investigadores de la escuela de medicina de Harvard revelaron que una práctica regular de meditación ayuda a disminuir los altos niveles de presión sanguínea similar a las medicaciones para bajar la presión. Cuando meditas, tu cuerpo responde menos a la hormona del estrés que típicamente causa subidas de presión.

5. Alivia los síntomas del síndrome de colon irritable.

Practicar la meditación al menos dos veces al día puede ayudarte a calmar los síntomas del síndrome de colon irritable, como constipación, diarrea e hinchazón.

6. Combate la inflamación.

La inflamación crónica lleva a varios problemas de salud, por lo cual es crítico mantenerlo a raya. El estrés, es la principal causa de inflamación crónica vinculada al asma, artritis, enfermedad del corazón y problemas de la piel incluyendo soriasis.

7. Calma tu mente.

Mi vida nunca ha sido "tranquila". Tal vez por mi habito de pensar demasiado las cosas o porque el mundo moderno es muy demandante. Tenía problemas para conciliar el sueño y despertar con mi mente relajada. Meditar fue mi mejor solución. Ayuda a calmar la mente, manejar la ansiedad de las mañanas, tener un mejor sueño. La mente meditativa apaga el estrés,toma mejores decisiones, y produce pensamientos positivos.

Capítulo 3: cómo funciona la meditación.

Con un gran número de formas para meditar, que van mayormente desde recomendaciones generales a estrictas prácticas reguladas, a veces es difícil de entender cómo funciona la meditación. Sin embargo, una vez empiezas tu viaje de meditación, pronto te darás cuenta de la belleza de una mente meditativa.

Si practicas la meditación diariamente, ayudara a desarrollar pequeños hábitos habituales e inconscientes, que producirán enormes efectos positivos en tu funcionamiento psicológico y físico. Incluso una rápida meditación de 15 minutos dos veces al día pueden traer resultados beneficiosos.

Todo se trata un una respuesta parasimpática. Muchas teorías indican que meditar es un una compleja forma de relajación que involucra un concepto del sistema nervioso parasimpático. La parte del sistema nervioso involuntario, el sistema nervioso parasimpático ayuda a relajar los músculos del esfínter, incrementar la actividad glándula e intestinal y disminuir el ritmo cardiaco.

El estrés psicológicoestá ligado a la activación del componente simpático del sistema nervioso autónomo que puede causar la "respuesta de actuar o huir" cualquier forma de meditación disminuye la activación simpática aminorando la producción de catecolaminas y otras hormonas del estrés como cortisol y potenciándola actividad parasimpática que mejora el flujo de sangre a las vísceras, se aleja de la periferia y disminuye la frecuencia cardíaca.

Otros investigadores sugieren que meditar provee efectos neurológicos especiales. Un estudio hecho por el Programa de Investigación de Meditación encontró que el sistema límbico es más propenso a involucrarse en la meditación Sahaja Yoga porque los efectos drásticos que envuelven los cambios de humor han sido constantemente monitoreados.

Capítulo 4: La meditación en movimiento.

Uno de los pasos ms importantes para integrar exitosamente la mente meditativa en tu conciencia es usar las cosas y acciones que suceden a lo largo del día como parte de tu meditación. Cada uno de nosotros percibe el mundo en su propia manera, la forma en que percibes cada experiencia en tu vida diaria puede traerte un espacio más profundo de meditación.

Por otro lado, esta forma de meditación no es para principiantes ya que requiere experiencia y bases sólidas. Con la meditación en movimiento, deberías funcionar efectivamente y permanecer alerta mientras meditas. Una vez que dominas lo básico de la meditación, dominar la meditación en movimiento tambien debería de ser una prioridad.

Meditar en movimiento, va a ayudarte eventualmente a vivir una vida consciente, lo cual creara un espacio de meditación dentro de ti. El espacio de meditación estará entre cada respuesta que hagas y las cosas que notas, proveyendo un espacioso, tranquilo y pacifico punto de vista del universo entero.

Nunca pensé sobre la importancia de meditar mientras me movía hasta que me quede atrapado en la gran ciudad que me hizo sentir mal. A penas podía meditar y mi vida perdió el sentido. Mientras seguía practicando una meditación regular, expandía mi espacio de meditación. Ahora, encuentro que incluso una pequeña acción como caminar por el parque puede ser una gran experiencia para meditar.

Caminando por el parque, estoy tranquilo y en paz por dentro, ya sea por vigilar mi respiración o mi mantra. Esto me permite experimentar mi conciencia y mirar las cosas a mí alrededor con una nueva luz.

Cada vez que mi conciencia despierta, activa algún sistema de deseo, como un deseo de éxito, felicidad o amor. Los deseos son diferentes asi que cuando estoy en mi espacio de meditación, evito perderme en ellos.

Meditar en movimiento usa las técnicas que te dejan notar experiencias momento a momento. Cada experiencia está ahí para servirte. Cada experiencia está ahí para despertarte. Meditar en movimiento esta cercanamente relacionada con Karma yoga. Estos dos abren el paso del despertar a través de actividades diarias.

Ya sea durmiendo, comiendo, ganándote la vida o casándote; vez cada acción como un acto proveniente de Dios. Cuando finalmente aprendas a meditar, serás capaz de dominar la capacidad de meditar desde el primer momento que despiertes hasta el momento en que vayas a dormir. Aprenderás como estar tranquilo y alerta en este mundo tan ocupado. La vida diaria momento a momento se convertirá en una experiencia absolutamente libre y feliz.

Sección 2: Como incorporar la meditación en tu vida.

Capítulo 5: Como prepararte para meditar.

Pienso que meditar es más sobre calidad que cantidad. Si nunca has meditado antes, puede que necesites prepararte tú y tu mente para la primera sesión. Los beneficios de meditar mencionados en el capítulo 2 ocurren gracias a lo que haces en la práctica.

La meditación no es magia,Omphaloskepsis("mirar a tu ombligo")[1] sin sentido o felicidad.

Tu estas tomando una ventaja en como tu mente funciona en el mundo natural, enfocándose en la adaptabilidad de tu cerebro. Esto activa una neuroplasticidad auto dirigida, que es un maravillosacaracterística de la práctica de la meditación. Meditar puede intencionalmente cambiar la estructura física y funcional de tu mente.

---

[1] Mirar a tu ombligo es una forma de meditación.

Sin embargo, es crítico que te prepares a ti mismo y particularmente tu cerebro para tú primera y más lejanas sesiones de meditación. Te estarás preguntando, que es lo vas a hacer durante la meditación. Para resumir, vas hacer varias cosas básicas:

- Traerás tu atención completa al presente. Esta parte de la meditación te ayudara a romper tu tendencia a ignorar lo que pasa a tu alrededor. Además, te preverá de gastar tiempo en el pasado que no puedes cambiar de ninguna manera o el futuro que no puedes predecir y depender de él.
- Vas a observar y a darte cuenta de lo que pasa en ese mismo momento. Debilitara tu habito de identificarte a ti mismo erróneamente como el cuerpo, pensamientos, sentimientos o cosas que pasan a tu alrededor.
- Vas a dejar de lado todas tus opiniones sobre lo que ves y experimentas. Esto te ayudara a desprenderte de la narrativa que usualmente guía tus acciones. Eventualmente de darás

cuenta que eres quien debe de guiar tus acciones.

Después, podrás ampliar el enfoque de tu atención para abarcar una gran variedad de fenómenos o limitarlos a un solo objeto, mientras permaneces en el momento presente. No importa cual técnica uses, estas dominando las habilidades que ayudan a reflexionar y a responder más rápido durante los problemas y desafíos de la vida diaria, en lugar de expresar aversión, pensamientos o emociones negativas.

Tan pronto como entiendas la idea de que es lo que vas a hacer y experimentar en la meditación, es tiempo de prepararte a ti mismo para eso. Aquí hay algunas cosas que debes hacer:

1. Prepara un lugar tranquilo

Personas que han practicado la meditación por años pueden meditar donde sea- literalmente. Sin embargo, si apenas estas empezando lo mejor es que prepares un lugar tranquilo y especial para tus sesiones. Cosas simples como sentarte en un lugar especial, apagar tu teléfono o encender una vela pueden mejorar tu práctica de meditación. Igual a como te pones tus zapatos de correr antes de entrenar, debes de preparar tu meditación; porque en cuanto te pones tus zapatos de correr tu cuerpo se prepara a sí mismo para una carrera. El mismo principio puede aplicarse a tus sesiones de meditación.

Ten un espacio pequeño pero especial en tu cuarto o casa para tus sesiones para que cada vez que estés en este lugar tu cuerpo sepa que es tiempo de prepararse para meditar. Tambien pueden escuchar música relajante para meditación para darle a tu cuerpo una señal. Pero hablaremos de los pros y contras de escuchar música durante la meditación más adelante en el libro.

2. Viste ropa cómoda

Usa la ropa que estás seguro que es cómoda y no te distraerá. Si tu ropa hace que tu cuerpo este rígido durante la meditación, no serás capaz de concentrarte. Considera vestir ropa suelta que te dejara sentir más relajado y en calma. No uses zapatos.

3. Haz algunos estiramientos preliminares.

Estírate te ayudara a bajar cualquier tensión en tus músculos y cuerpo. Empieza con estirar los músculos de tu cuello y cabeza. Realiza unos cuantos estiramientos de piernas para prevenir la presión en ellas mientras estés sentado con las piernas cruzadas durante la sesión.

4. Define una intención.

Antes de meditar, asegúrate de definir una intención. Es una manera simple de obtener el valor y significado total de tu sesión de meditación. Definir una intención crea una dirección para ti y ayuda a encontrar una respuesta a tus preguntas más grandes. Si tú defines una intención conscientemente antes de meditar, serás capaz de alinearte al verdadero propósito de tu práctica.

La pregunta más importante que debes hacerte es, ¿Por qué medito? Hay una gran cantidad de razones, pero tú debes de encontrar la tuya propia. Ya sea que quieras meditar para descifrar la paz que supera el entendimiento o experimentar conciencia de Dios, o encontrar una excusa para tomar una siesta, tu intención va a ayudarte a sacar el mayor beneficio de tus sesiones.

5. Prepárate para las distracciones.

A menos que vivas en un bosque, miles de distracciones pueden arruinar tu meditación. Puedes terminar preocupándote por tu trabajo, repasar tu lista de quehaceres, o simplemente pensar en la última noticia que viste. O, tus hijos, amigos, o quien sea con quien vivas puede interrumpir. Es por eso que debes de asegurarte de que te has preparado para cualquier distracción.

Escribe una lista de las mayores distracciones que podríanarruinar tu meditación y piensa en una manera de evitarlas. Si fallas en libérate de estas, tu meditación probablemente no tendrá éxito.

6. Aprende a enfocarte.

Las personas que están empezando a meditar, siempre tienen problemas para enfocarse y meditar. Si necesitas una manera de empezar tu meditación, prueba preguntándote algunos preguntassignificativas, como ¿Quién soy?, ¿Cuál es mi propósito en la vida?, ¿Por qué estoy agradecido?, etc.

Capítulo 6: Como Meditar

Si estas interesado en empezar un viaje de meditación con el propósito de que sobre que trata o aprovechar los beneficios de meditar antes mencionados, debes considerar la gran tendencia de diferentes tipos de meditación. Cada tipo, tiene las mismas técnicas básicas y principios pero con algunas variaciones. Sin embargo, las instrucciones que voy a compartir contigo a continuación son usualmente compatibles con muchos tipos de meditación. Una vez que adquieras las bases de una sesión de meditación básica, puedes intentar otros tipos.

Aquí hay algunas formas de meditación que puedes escoger:

- **Meditación de atención plena:** esta te alienta a enfocarte en pensamientos errantes mientras atacan tu mente. Tu intención no es involucrarte con tus pensamientos y desterrarlos. Tu intención es estar pendiente de cada nota mental que aparezca en tu mente.

La meditación de atención plena te

permite ver las formas en que tus pensamientos y sentimientos se mueven en determinados patrones. A medida que vas practicando, te volverásmásconsiente de tu tendencia a juzgar una experiencia como buena o mala, agradable o desagradable, en cuestión de unos minutos. Con práctica, desarrollaras un balance interior que te ayudara a superar tu hábito de pensar demasiado.

- **Meditación de concentración:** esta forma involucra una completa concentración en una sola intención, persona o pensamiento. La meditación de concentración usualmente conlleva la respiración, mirar la llama de una vela, repetir un mantra o una palabra, contar las cuentas en un mala, o escuchar un gong repetitivo.

La meditación de concentración es difícil y desafiante y un principiante tiene dificultad enfocando la mente. Por eso, es recomendable meditar por solo un par de minutos e incrementar el tiempo gradualmente.

Esta meditación ayuda a reenfocar tu

atención en una determinada intención / sujeto / pensamiento cada vez que tu mente se llena de pensamientos. En lugar de perseguir pensamientos aleatorios, la meditación de concentración te hace dejarlos ir. Este tipo de meditación ayuda además a mejorar la concentración y manejar la ansiedad.

Hay muchas otros tipos y técnicas de meditación. Por ejemplo, monjes budistas meditan diariamente para enfocarse por completo en cultivar compasión. Puede ser algo como imaginarte algún evento negativo y reconstruirlo en una luz positiva cambiándolo a través de una forma de compasión. Adicionalmente, hay técnicas de meditación en movimiento, incluidas la medicación caminada, qigong y tai chi.

De nuevo, las instrucciones dadas a continuación te ayudaran a crear una base inicial de conocimiento y habilidades, que usaras en muchas otras prácticas de meditación, sin importar que tan complicadas sean.

Puede que quieras intentar varias formar y técnicas con el propósito de cambiartú practica de meditación acorde a los eventos que estén sucediendo en tu vida. Puede que quieras prácticas una técnica hoy y otra mañana.

Por lo tanto, ¿cómo puedes meditar? Sigue las siguientes instrucciones:

Paso 1: piensa sobre cuentos minutos puedes usar para meditar.

Los principiantes tienden a iniciar con una meditación de 5 minutos mientras que los expertos pueden meditar desde 20 minutos hasta 2 horas. Al decidir el tiempo, intenta asegurarte de que es al mismo tiempo todos los días.

Paso 2: Haz unos pocos estiramientos para liberar cualquier tensión antes de empezar.

Paso 3: siéntate en una posicióncómoda. Al meditar es crucial que te sientas cómodo, asi que escoger la posición perfecta debe ser tu meta. Generalmente la meditación es practicada en una posición sentada. Solo siéntate en un cojín sobre el suelo o tierra ya sea en la posición de medio loto o en la posición de loto completa.

Si no tienes flexibilidad en tu espalda baja,

caderas y piernas puede que experimentes molestias. A pesar de que es recomendado centrarse con una postura recta y balanceada durante la meditación, puedes hacerlo recostado en tu cama.

Si no te gusta la idea de meditar en el suelo, invierte en una silla o banco de meditación. La comodidad es la clave aquí.

Paso 4: un vez que estés en una posición cómoda, concéntrate en el resto de tu espalda. Empieza por la parte baja y piensa en cada una de las vértebras de tu columna. Imagínatebalanceando una sobre otra para mantener todo el peso de tu cabeza, cuello y abdomen.

Este paso es de relajar tu abdomen y aprender a relajar cada parte de tu cuerpo donde la tensión reside. Si aún sientes inconformidad, intenta realinear tu abdomen para encontrar la posición correcta.

Paso 5: cierra tus ojos. Ya que no eres un experto que puede meditar con los ojos abiertos, cierra tus ojos para evitar cualquier distracción visual y entres en un estado anímico meditativo.

Paso 6: respira naturalmente. Escoge un lugar sobre el ombligo y concéntrate en esa área con tu mente. Mantente alerta y consiente del sube y baja de tu estomago mientras inspiras y exhalas. Evita cambiar tu patrón de respiración normal, solo respira naturalmente.

Paso 7: concéntrate en imágenes mentales que aparezcan en tu mente. Si nada aparece inténtala visualización. Por ejemplo, imagina una boya flotando tranquilamente en el mar,que se mueve hacia arriba y hacia abajo con cada inhalación y exhalación. O, puedes imaginar una hermosa flor de loto en tu estomago que abre sus pétalos con cada inhalación y exhalación.

Medita de esta forma de 2 a 5 minutos. Si tu mente empieza a distraerse, no te preocupes. Puedes empezar tu sesión otra vez y recobrar tu enfoque. Aclara tu mente y concéntrate en una cosa u objeto. El pensamiento múltiple no es para meditar.

Si fallas en meditar en completo silencio, dale un giro con un mantra. Esta es una forma de meditación que involucra decir y repetir un mantra- sea una frase, palabra o sonido- una y otra vez hasta que despejes tu mente, domines tus pensamientos y te sumerjas en un profundo estado meditativo.

Cuando se trata de mantras, la popular y simple "OM" es una buena forma de empezar. La palabra simboliza la conciencia omnipresente y ayuda a desvanecer cualquier pensamiento negativo. Tambien puedes decir otras palabras como paz, uno, calma, silencio y tranquilo.

Tan pronto entre a un nivel de meditación más profundo de conciencia, tendrías que parar de repetir tu mantra.

Capítulo 7: Alternativas de meditación

Aunque las alternativas de meditación tienen menos beneficios para la salud que una meditación en sí misma, todavía son algunas opciones excelentes. Muchos líderes de meditación recomiendan alternativas de meditación, que te permiten meditar sin meditación. Estas son algunas de las alternativas más populares:

1. Risa de vientre

Es la mejor alternativa que realmente cuenta con algunos beneficios para la salud impresionantes. Una sonrisa promueve tu bienestar, mientras que una buena risa levanta tu espíritu y evita los problemas de salud mental como la ansiedad y la depresión. Una carcajada regular ayuda a obtener un equilibrio emocional y evitar cambios de humor.

2. Meditación caminando

A menudo llamada kinhin, esta forma de meditación alternativa te ayuda a mantenerte al tanto de todo lo que sucede a tu alrededor. Cuando te sientas cansado, ansioso o deprimido, da un largo paseo por el parque, concentrándote en los movimientos de tu cuerpo y tu respiración. Deja que tu cuerpo se relaje y disfrute de la belleza del mundo. Asegúrate de apagar tu teléfono inteligente.

3. Bailar

La meditación del baile es una alternativa bastante nueva, pero es simple y efectiva. Además, esta actividad meditativa es un entrenamiento poderoso. No tienes que saber bailar profesionalmente o tomar algunas clases. Solo baila en casa cuando estés solo o haz que los miembros de tu familia bailen contigo.

4. Limpieza

Cuando se aborda de la manera correcta, la limpieza de tu casa puede convertirse en una sesión de meditación real. Ya sea lavar la ropa o lavar platos, aspirar tu habitación, lavar un auto o una bicicleta, o cortar el césped, la limpieza ayuda a combatir los pensamientos depresivos, induce ideas y le da a su cuerpo un tiempo para conectarse con el ser interior.

Al limpiar, mantén tu mente vacía y

concéntrate en la tarea que estás haciendo en ese momento. Tu cerebro reaccionará de manera similar a la meditación.

5. Estar atento

A menudo llamada meditación de pie, esta forma de meditación promueve un sentido pacífico de estabilidad interna y ayuda a reducir el dolor de espalda. Empieza lento, sin embargo. Intenta pararte en una postura recta de 3 a 5 minutos primero. Se asombrará de lo que un estado mental consciente de 3 minutos hará a su bienestar general. Mantenga su mente clara y concéntrese en su respiración.

6. Una meditación de mirada fija.

También llamada Trataka, esta alternativa de meditación es un poco rara, ya que se trata de mirar una cosa u objeto fijo o determinado mientras estás sentado, de pie o acostado. Una meditación de mirada fija ayuda a aliviar los dolores de cabeza, mejorar la salud ocular, disminuir el estrés y mejorar la memoria y la concentración.

Ya sea al aire libre o en interiores, tómate unos minutos para elegir un objeto y contemplarlo. Puede ser una piedra, una flor, un animal, un árbol, una luna, estrellas o cualquier otro objeto que te guste. No importa cuánto tiempo mires tu objeto, hazlo en silencio sin distracciones.

7. Nadar

La natación es una excelente alternativa para la meditación, sin mencionar que es un ejercicio para todo el cuerpo. Nadar regularmente ayuda a aumentar la resistencia y desterrar el estrés y la ansiedad. Si no tienes un lugar para nadar o no puedes nadar, considera tomar un baño relajante durante unos 20 minutos sin distracciones.

8. Libros para colorear

Hoy en día, los libros para colorear para adultos son una alternativa perfecta a la meditación. Colorear una imagen requiere presencia, paciencia y buena concentración. Esto ayuda a reducir la tensión diaria y mantener la calma en una situación difícil.

9. La música

No me refiero a tus canciones favoritas aquí. Me refiero a escuchar los sonidos de la naturaleza, la música de meditación especial o los instrumentos musicales calmantes y relajantes, como el piano, el violín, el arpa, la flauta o el violonchelo. Elije tu sonido favorito y escúchalo cuando estés estresado o deprimido, o antes de dormir. Asegúrate de que tu familia no te moleste en ese momento.

Capítulo 9: La alimentación consiente como parte de la meditación.

Se ha demostrado que la alimentación consciente ayuda a las personas a sobrellevar los antojos de alimentos con mayor intención y conciencia. Es una práctica que te permite sintonizar con las necesidades de tu cuerpo y ser cuidadoso con lo que pones en tu cuerpo. Tu salud depende en gran medida de cómo te nutres.

Al apreciar completamente las texturas y sabores de los alimentos que consumes y estar en el momento presente mientras tomas tu comida, te abres a un nivel de disfrute más significativo. Comer de forma consciente como parte de la meditación te ayudará a elegir alimentos más saludables. Así es como puedes aprender a comer conscientemente:

1. Disminuir la velocidad

Tu cuerpo necesita tiempo para ponerse al día con el cerebro para hacerle saber que la comidaes suficiente. Comer lentamente hace que tu cuerpo y tu mente se comuniquen sobre lo que necesita para su nutrición. Con una agenda apretada, parece imposible comer despacio. Pero, tu cuerpo tarda casi 20 minutos en enviar su señal de saciedad al cerebro. Esa es la principal causa de comer en exceso. Comemos rápido, sin escuchar las señales de nuestro cuerpo.

2. Comer a una hora y lugar establecidos.

La gente moderna ha acostumbrado a comer sobre la marcha y solo alimentos envasados. Sin embargo, si deseas que tu consumo de alimentos sea parte de la meditación, es hora de romper esos malos hábitos alimenticios. En primer lugar, crear un ambiente de alimentación saludable. Siéntate en una mesa, pon tu comida en un plato y usa utensilios para comerla.

Intenta programar tu día para que puedas comer a una cierta hora y preferiblemente solo. Esto te ayudará a masticar tus comidas con atención. Si tu haces tú comida, cocina cuidadosamente también.

3. Comer alimentos nutritivos y saludables.

¿Consumes alimentos nutricionalmente saludables o emocionalmente reconfortantes? Nos encanta cuando la comida reduce el estrés o la ansiedad, pero es más probable que esta comida no sea saludable. Piensa de dónde provienen tus alimentos y qué nutrientes contiene. Recuerda, comer alimentos saludables de manera consciente puede curar incluso las enfermedades más difíciles, como las enfermedades cardíacas y el cáncer.

Epílogo

Una de las cosas más desafiantes de la meditación nunca comienza. Puedes comenzar en cualquier momento y en cualquier lugar, pero el problema es continuar practicando la meditación de forma regular. No todos los principiantes logran que la meditación sea parte de su rutina diaria. Incluso si has probado la meditación y realmente te gustan los sentimientos y los beneficios que proporciona, las actividades, las distracciones y los problemas de tu vida cotidiana pueden arruinar tu intención más sincera de meditar.

Está bien que te pierdas la sesión de meditación de vez en cuando, pero si realmente tomas en serio los beneficios de la meditación y comienzas a vivir una vida más pacífica, haz todo lo posible por incorporar cualquier forma de meditación en tu vida y mantenla. No tienes que ser un profesional. Seguro que mi guía te ayudará a enamorarte de la meditación y a desarrollar tus propias formas incluso si eres un novato.

Mantente paciente y ejercita tu mente para experimentar la belleza de una vida consciente y feliz. Ahora, es hora de comenzar tu viaje...

Parte 2

Introducción

El concepto de meditación no es nuevo: podemos leer sobre ella en numerosas escrituras de la China y la India antiguas. Meditar es como entrenar la mente para sacar a la luz sus cualidades naturales de curación de diversas dolencias. La meditación puede curar diversos trastornos psicológicos, mentales y físicos; incluso cuando otras alternativas de la medicina tradicional fracasan. Nuestra mente es una máquina biológica y, por ende, también tiene sus limitaciones. Tenemos el instinto natural de buscar la felicidad y el placer en todo lo que nos rodea; cuando nuestro entorno no cumple nuestras expectativas, sentimos ansiedad y estrés. A la vez, es característico del ser humano que, ante una situación que le genera angustia, trate de volcar su malestar en otra persona a la que considera inferior. Por ejemplo, si tu jefe sufre maltrato por parte de su esposa durante la mañana, puede que intente volcar su tensión sobre tus hombros, maltratándote a ti. Aunque no podemos cambiar este instinto natural a todo ser humano, sí podemos sintonizar nuestra mente para aceptar amablemente las situaciones negativas. Entonces, ¿qué es la meditación y cómo nos puede resultar benéfica?

Meditar es una calma interna y un equilibrio mental. La meditación es una forma de transformar nuestra mente y llevarla a un nivel superior de tranquilidad. En el budismo, la meditación hace referencia a las prácticas y las técnicas que desarrollan la concentración, las emociones sanas, la claridad y la serenidad. Esencialmente, la meditación es el proceso por el cual nos concentramos en nuestra respiración mientras alejamos todo pensamiento de la mente.

Los beneficios de la meditación

Los cuantiosos beneficios dependen del nivel de meditación. Muchos de los yoguis y monjes budistas que han llegado a los niveles más elevados pueden sobrevivir adversas condiciones climáticas, como lasque se dan en zonas de gran altitud como el Himalaya. Estos maestros han alcanzado el zénit, llegando al nivel más elevado, y pueden hacer milagros con sus poderes de meditación. Los científicos han demostrado que la meditación es provechosa para mantenerse feliz, relajado y sereno. La meditación es de gran ayuda para manejar los niveles de depresión y ansiedad del ser humano. Las investigaciones han demostrado que una persona que medita por al menos 10-20 minutos a diario, puede lidiar con las tensiones y la ansiedad mucho mejor, en comparación con las demás personas. Uno de los mayores beneficios de la meditación es que nos ayuda a sintonizar nuestros chakras. Nuestro cuerpo está conformado por siete chakras, o círculos energéticos, ubicados en distintas partes de la columna vertebral, a los que se relaciona con los colores del arco iris. A continuación, se explican los chakras, sus efectos en el ser humano, y se indica a qué color se lo asocia. Los colores del arco iris son:

violeta, índigo, azul, verde, amarillo, anaranjado y rojo: esa misma secuencia se refleja en los chakras del cuerpo, que comienzan sobre la cabeza, con el color violeta. Estos son los siete 7 chakras y sus efectos en el cuerpo:

7. Chakra Corona (color violeta)

El séptimo chakra, o chakra Corona, se ubica en la parte superior de la cabeza y se conecta con elevados niveles de conciencia y espiritualidad. Sintonizar este chakra nos brinda una completa conciencia de nuestra identidad como psiquis en el universo. Quienes son capaces de sintonizar este chakra a los más altos niveles lideran el camino a la iluminación absoluta.

Los monjes y los yoguis hacen hincapié en este chakra porque es necesario para su iluminación y la conectividad de su psiquis. Cuando este chakra se encuentra desequilibrado, no se puede lograr un estado puro de iluminación y espiritualidad.

6. Chakra del tercer ojo (color índigo)

El sexto chakra se ubica entre los ojos y es el núcleo del conocimiento, donde se recopila la información y la intuición. Habrás oído hablar de gente que dice tener habilidades psíquicas. La razón por la cual poseen estas habilidades es que su sexto chakra está altamente sintonizado. El sexto chakra puede conectarnos con el más alto nivel de habilidades psíquicas, y nos permite sentir fenómenos extradimensionales.

Quienes han sintonizado el chakra del tercer ojo, sienten una fuerte conexión con su sabiduría interior y tienen confianza en sí mismos. Esto los lleva a hacer elecciones inteligentes. Si tu chakra del tercer ojo está desequilibrado, tendrás baja autoestima y desconfianza en tu vida.

5. Chakra de la garganta (color azul)

El quintochakra se encuentra en la garganta y es el responsable de la comunicación y la autoexpresión de un individuo. Quienes tienen el quintochakra altamente sintonizado, tienen la habilidad de comunicarse y expresarse a sí mismos ante otras personas de manera más efectiva. Estas personas también experimentan y cumplen sus sueños más fácilmente. Además, pueden comunicar sus emociones y pensamientos sin preocuparse por la opinión de los demás.

Cuando el quintochakra está desequilibrado, nos embarga un sentimiento de ansiedad y soledad; comenzamos a pensar demasiado antes de comunicarnos con otra persona, preocupándonos por cómo podría reaccionar. Si quieres expresar tus sentimientos e ideas con mayor precisión, deberás sintonizar tu quintochakra.

4. Chakra del corazón (color verde)

El cuartochakra se ubica entre las costillas, detrás del esternón y cerca del corazón. Este chakra se relaciona con la compasión y el amor. También conecta nuestro cuerpo espiritual con nuestro cuerpo físico, lo que nos permite aceptar y dar amor, devolviéndoselo al mundo en abundancia. Los yoguis y los monjes tienen un chakra del corazón altamente sintonizado, y es por eso que sientes afecto y compasión cuando estás cerca de ellos.

Si puedes sintonizar tu chakra del corazón, sentirás una profunda conexión con tus familiares y amigos, y podrás manejar tus relaciones personales más fácilmente. Tal como se ha mencionado, si sintonizas tu cuartochakra a través de la meditación, esto realmente te ayudará a mantener relaciones saludables con tus familiares y amigos. Podrás tomar decisiones más realistas en tu vida y, de esta manera, podrás lidiar con situaciones complicadas más fácilmente.

Cuando este chakra está desequilibrado, puede que desarrolles una sensación de egoísmo y aislamiento en tu mente. Por eso, sintonizar este chakra es necesario para alejar toda ansiedad y soledad de tu vida.

3. Chakra del plexo solar (color amarillo)

El tercer chakra se ubica en el plexo solar, entre el ombligo y el esternón, y controla la autoestima y la inteligencia. Quienes han sintonizado el tercerchakra son triunfadores que alcanzan todos sus objetivos y cumplen todos sus deseos. Si quieres tener confianza en ti mismo y lograr tus metas, debes sintonizar tu tercerchakra.

Cuando este chakra se encuentra desequilibrado, te sientes impotente y susceptible a la negatividad de las demás personas. Tu éxito depende en gran medida de la valoración positiva que tengas de ti mismo; por eso, debes sintonizar tu tercerchakra para aumentar tu autoestima e inteligencia y así alcanzar cada meta en tu vida.

2. Chakra sacro (color naranja)

Este chakra se ubica justo en el centro de gravedad del cuerpo (debajo del ombligo) y es el centro de las emociones relacionadas con la creatividad y el renacimiento. A la vez de ser nuestro centro de gravedad, el chakra sacro es nuestro centro de creatividad. Si tu chakra sacro está desequilibrado, sentirás una sensación de vacío en tu interior. Tu nivel de creatividad estará prácticamente paralizado, como si tuvieras un bloqueo mental.

Quienes han sintonizado el chakra sacro tienen alta energía creadora para escribir, componer música, emprender un negocio, o para contagiar felicidad a todos sus seres queridos. Sincronizar el chakra sacro es de gran ayuda para los artistas: escultores, pintores, escritores, cineastas o músicos, entre otros. Un chakra sacro sintonizado abre la puerta a una impresionante fuente de creatividad e imaginación para llevar a cabo cualquier proyecto.

1. Chakra de la raíz (color rojo)

El chakra de la raíz se ubica en el coxis, la base de la columna vertebral, y se relaciona con nuestro instinto de supervivencia y con la sensación de pertenencia a una familia o grupo humano. Habrás oído hablar de monjes que hacen cosas extraordinarias, como romper un inmenso cubo de hielo con la mano, caminar sobre brasas, balancear sus cuerpos apoyados en los dedos y otras destrezas más. La razón principal por la cual pueden realizar estos actos extraordinarios es que su chakra de la raíz está altamente sintonizado. Quienes tienen su chakra de la raíz sintonizado son fuertes, con sus instintos excelentemente desarrollados, poseen habilidades de liderazgo y confían en su poder de decisión.

Si tu chakra de la raíz está desequilibrado, sentirás una sensación de ansiedad y preocupación en tu interior. Equilibrar tu chakra de la raíz es necesario para mantener tu mente en un alto nivel de confianza y estabilidad.

Estos son los siete 7 chakras y sus efectos en el cuerpo y la mente. La meditación es la mejor manera de sintonizar estos chakras y sanar la mente de todo tipo de tensión.

Cómo meditar correctamente en 5 sencillos pasos

Meditar es una actividad muy fácil que cualquiera puede hacer en la comodidad de su hogar. Puedes meditar durante 15 a 30 minutos diariamente y en unos pocos días, verás los efectos que causa en tu cuerpo y tu mente. A continuación, se describen cinco sencillos pasos para meditar:

Paso 1: Encuentra un lugar y momento adecuados

Encontrar el lugar correcto para tu meditación es el primer paso para comenzar a meditar. El lugar que destines a meditar debe ser totalmente silencioso, sin ningún sonido. Puedes escoger cualquier espacio dentro o fuera de tu hogar, en donde puedas concentrarte completamente en tu meditación. Se recomienda que sea un sitio tranquilo, que normalmente no uses para otras actividades cotidianas. Debes mentalizarte de que solo vas a meditar en ese lugar en particular. Antes de acercarte a este lugar, aleja tus preocupaciones y tensiones, déjalas afuera, e ingresa a ese espacio con serenidad en tu interior. Esto te será de gran ayuda para concentrarte en tus sesiones de meditación.

Para obtener los mejores resultados, también es fundamental que escojas el mejor momento para la meditación. Los gurús de la meditación aconsejan meditar temprano en la mañana, porque nuestra mente se encuentra en un estado de relajación después del sueño. Otro buen momento para meditar es por la tarde, cuando al fin te has liberado de tus ocupaciones. No es aconsejable meditar antes de dormir, porque tu mente no se concentraría adecuadamente; en este caso, relacionaría la meditación con la sensación de sueño, y te estarías diciendo a ti mismo continuamente: "Voy a dormir en cuanto termine con esto". Sin embargo, si tú no estás durmiendo lo suficiente, la meditación será el mejor reemplazo para el sueño. A veces, puede ser incluso más revitalizante que dormir, ya que elimina las tensiones y la ansiedad.

Tu concentración es importante para lograr un nivel de meditación elevado que te permita sanar el estrés. Pídele a tus familiares y amigos que no te interrumpan mientras estés meditando. No lleves nunca tu laptop o teléfono celular al sitio en el que meditas. Puedes apagar tu dispositivo, o configurarlo en modo silencioso si se trata de una situación de urgencia. Si tienes hijos pequeños, escoge un momento en que estén dormidos, para evitar cualquier interferencia y así mantenerte concentrado. Al principio, un periodo de 10 a 20 minutos es suficiente; puedes incrementar el tiempo, según tus preferencias. Aun si solo meditas de 10 a 20 minutos por día, de seguro eso será suficiente para eliminar el estrés y las preocupaciones de tu mente.

Paso 2: Escoge la postura apropiada

La postura es fundamental para lograr una concentración adecuada al meditar. Si no estás habituado a permanecer sentado por mucho tiempo, deberás practicar por un rato, hasta que termines por acostumbrarte. Lo ideal es que no hagas demasiado énfasis en tu postura, sino que te concentres en tu respiración.

Puedes escoger cualquier postura, siempre que te resulte cómoda.

Sentado en el suelo

La postura principal para la meditación es sentarse en el suelo con las piernas cruzadas, las manos unidas en frente, sobre el regazo. Puedes sentarte sobre una manta o un tapete. La mayoría de los monjes y yoguis usan esta postura para meditar. A continuación, el método paso a paso para esta posición:

• Siéntate en el piso o sobre un tapete, con la pierna izquierda plegada frente a ti y la pierna derecha plegada sobre la izquierda. Puedes quedarte en esta posición por un rato antes de comenzar tu meditación. Luego, coloca las manos sobre tu regazo, con las palmas hacia arriba, y pon tu mano derecha sobre la izquierda. También puedes poner las dos manos sobre cada rodilla, haciendo un gesto de "Okey" con el pulgar y el anular.

• Al principio, cambia la posición de tus manos y tus piernas hasta encontrar la postura que te resulte cómoda, ya que requiere práctica. Luego, cierra los ojos e intenta concentrarte en tu respiración.

• Mantén la columna erguida y controla que tu cuerpo no esté inclinado hacia la izquierda o la derecha. Si lo está, relaja los músculos que te tuercen en esa dirección.

• Lleva tus hombros levemente hacia atrás y luego abajo, de manera que se forme un pequeño arco entre la zona media y la lumbar de la espalda. Contrae apenas el abdomen para que se relajen los músculos de la espalda.

Si no te sientes cómodo en esta posición, no continúes así; prueba posiciones que te resulten más confortables. No tenses la columna o el abdomen; eso puede hacerte daño.

Sentado en un banco o una silla

Algunas personas sufren de artritis, padecen de lesiones en las caderas o dolores articulares y les es difícil sentarse en el suelo en la posición común. Si tú eres una de esas personas, puedes meditar sentado en un banco de meditación de la siguiente manera: arrodíllate con las canillas en el suelo, coloca el banco sobre las pantorrillas y luego siéntate en él. También puedes usar una silla o sillón; hay algunos que cuentan con ajuste de posición, lo que puede ser de ayuda para que encuentres una postura que te resulte cómoda. Escoge un asiento con la altura apropiada, de manera que puedas reposar cómodamente. Puedes usar una silla de madera o cualquier otra que sea firme, con o sin cojín; lo importante es que estés cómodo y relajado. No uses cojines demasiado gruesos porque eso hará que te encorves.

Paso 3: Sintoniza tu estado mental

Tu estado mental es también de crucial importancia para que alcances un nivel de meditación más elevado que te permita sintonizar tus siete chakras y así convertirte en un ser humano completo y perfecto. Nuestra mente es un cúmulo de pensamientos y constantemente está pensando en las consecuencias de nuestros actos y en las actividades cotidianas. Nunca descansa; sigue trabajando aun en la noche, cuando dormimos. Al inicio de tus sesiones de meditación, notarás que aparecen numerosos pensamientos en tu mente y eso te dificulta concentrarte en tu respiración adecuadamente. Por esa razón, necesitas mucha práctica para alcanzar un nivel de meditación más elevado que te permita sintonizar tus chakras. Con tantos pensamientos llenando la mente, surgen preguntas internas que te distraen de la meditación. Debes trascender tu mente e intelecto hacia las vibraciones positivas para lograr los más altos niveles de meditación.

Para sintonizar tu mente apropiadamente, debes examinarla en detalle mientras meditas. Observa si tu mente se mantiene en armonía con tu respiración, o si pasas por altibajos emocionales persistentes. Si tu mente se mantiene armonía con tu respiración, puedes continuar con tu meditación. Meditar es concentrarse en la propia respiración y alejar de la mente las distracciones externas. Algunas personas encuentran que les resulta difícil mantenerse serenas y concentradas, y su mente se llena de pensamientos. Recuerda, una mala sesión de meditación no te traerá ningún beneficio; debes aprender a concentrarte correcta y efectivamente. Asegúrate de tener un ánimo positivo antes de ingresar a tu lugar de meditación, mentalízate de que solo te concentrarás en meditar y quita todas las preocupaciones y problemas de tu mente.

La mejor manera de sintonizar tu mente para la meditación es desarrollar actitudes de compasión, bondad, empatía y equidad hacia todos los seres vivos del mundo. A estas actitudes se las llama "Brahmaviharas" en sánscrito (un antiguo idioma hindú); "actitudes sublimes", en español. Debes poner en práctica estas actitudes sublimes para poder lograr altos niveles de sintonización de tu mente y así conseguir los mejores resultados en la meditación. Tal como se describió anteriormente, el ser humano instintivamente refleja su propia indignación y enojo en los demás, para mantenerse libre de tensiones. Pero esta no es una forma viable de vivir una vida serena; si vas a meditar profundamente, debes enterrar el resentimiento hacia otras personas producto de la interacción social diaria. La meditación es un camino para encontrar la paz y la felicidad sin lastimar a nadie. Al mismo tiempo, generas una nueva narrativa para tu vida: la de vivir una vida saludable y en paz.

La bondad y la equidad son las dos actitudes sublimes principales que contienen otras dos actitudes dentro de ellas: la compasión y la empatía. La bondad es una plegaria o deseo de verdadera felicidad, no solo para ti, sino también para los demás. La compasión es el sentimiento interno en el ser humano que se desarrolla a través de la bondad, cuando eres testigo del sufrimiento ajeno, o cuando presencias actos que pueden causar dolor. Estas actitudes sublimes también te ayudan a sintonizar tu chakra del corazón, que es el responsable de sostener y mantener buenas relaciones con amigos y familiares.

Ejercicio para desarrollar la bondad y la equidad

Antes de comenzar a meditar, intenta recordarte a ti mismo qué es la bondad y deséale felicidad a todas las personas que te rodean. Pídele a tu dios (cualquiera sea tu religión) que todos quienes te rodean tengan bondad y que creenpara sí mismos un grandioso sendero hacia la verdadera felicidad. Aun si has pasado por momentos amargos con algunos, trata de no sentir enojo o resentimiento hacia ellos; solo reza para que todos tengan bondad y verdadera felicidad. Puedes cantar algún mantra mientras rezas por ellos; eso te ayudará a seguir el camino de la bondad y la magnanimidad. Repite este mantra en tu mente antes de comenzar tu sesión de actitudes sublimes:

Por la gracia de Dios*,
y con la ayuda de mi intuición interna,

estoy aquí, permitiendo que todos mis resentimientos
y enojos se alejen,
y me llene de bondad y equidad.
Que Dios me brinde felicidad y bondad a mí
y a toda la gente conectada a mí.
Amen.
(Puedes reemplazar "dios" por otra divinidad o ser superior,
como Jesús: "Por la gracia de Jesús", etc.)
Repite las palabras de este mantra en tu cabeza, hasta que tu mente se estabilice y se desembarace de cualquier perturbación externa y de sentimientos negativos. Este mantra es ideal para llevar tu inconsciente a un alto nivel, para que puedas concentrarte en tu meditación apropiadamente.

Paso 4: Enfócate en tu respiración

Respirar correctamente es uno de los requisitos para conseguir un alto nivel de meditación y, por consiguiente, sanar tu mente y tu cuerpo del estrés. Los gurúes de la meditación ponen mucho énfasis en el proceso de la respiración y les piden a sus alumnos que aprendan a respirar para concentrarse correctamente. Cada persona se siente a gusto con un tipo de respiración diferente, y tú deberás encontrar el tuyo para convertirte en una persona experta en la meditación. Sigue estas sencillas sugerencias de respiración para obtener los mejores resultados en tu meditación:

1. **Encuentra un modo cómodo de respirar**: esto es indispensable para lograr niveles elevados de meditación y poder sintonizar tus chakras. Puedes comenzar tu sesión de meditación inspirando y espirando larga y profundamente un par de veces. Esto hará que tu cuerpo se energice y esté preparado para la sesión de meditación. Respirar profundamente es necesario en meditación y es similar a los ejercicios de elongación y calentamiento que hacemos antes de un entrenamiento. Debes prestar

atención a dónde sientes la respiración, en qué parte de tu cuerpo se encuentra la sensación. Siente la respiración cada vez que inspiras y espiras, y cambia en patrón de respiración, para escoger el modo más confortable para ti. Cuando encuentres un patrón que es particularmente cómodo para ti, continúa con ese, o sigue cambiando y buscando hasta que finalmente tengas un patrón de respiración propio.

2. **Mantente concentrado en cada inhalación y exhalación**: el siguiente paso, una vez que estás cómodo con un tipo de respiración, es seguirlo y concentrarte en él. Debes prestar la debida atención a tu respiración y no perder el patrón de respiración que te es cómodo. Mantén tu cuerpo y mente serenos durante la respiración, y no permitas que tus pensamientos divaguen. Para muchas personas es difícil sostener el mismo patrón de respiración; si esto te está sucediendo a ti, no te desanimes y sigue intentando. Si tienes problemas en concentrarte en

tu respiración, puedes recitar el mantra *Om*.

Paso 5: Alcanza un nivel de meditación superior

La meditación es la mejor manera de conectar tu cuerpo físico con tu ser psíquico eterno. Tu cuerpo también está presente en las dimensiones superiores en forma de vibraciones. Si aprendes a sintonizar tu cuerpo etéreo, podrás alcanzar el zénit de la meditación y sanar a tu cuerpo y tu alma de cualquier dolencia. ¿Sabes qué es la energía cósmica? La energía cósmica es la principal fuente de energía, que es esencial para el funcionamiento correcto de tu cuerpo y de tu mente. Es fundamental para mantener el orden en tu vida y expandir tu conciencia. Muchos yoguis y monjes del Himalaya han desbloqueado esta potente fuente de poder y bienestar, y pueden sobrevivir sin alimento ni bebida por varios días, incluso meses. Esto yoguis y monjes dicen usar la energía cósmica en beneficio de su cuerpo biológico. Estos hombres y mujeres elevados meditan a -50° F (-45° C) de temperatura, a miles de yardas (o metros) sobre el nivel del mar, y nunca se enferman.

Meditar da magníficos resultados en la curación de algunos males comunes, como la diabetes, el hipertiroidismo, alta presión sanguínea y muchos otros. Si logras un alto nivel de meditación, como esos yoguis y monjes, de seguro experimentarás el mayor potencial posible de tu ser biológico. Para sintonizar tu mente y tu psiquis a los más altos niveles de eternidad, debes alcanzar un estado de "no-pensamiento", llamado "Nirmal Sthiti" en sánscrito. Para lograr un estado de no-pensamiento, practica el paso anterior de respirar hasta encontrar tu patrón de respiración confortable. Cuando ya tienes tu patrón, concéntrate en respirar apropiadamente. Deberías lograr un nivel de concentración en el cual tu respiración sea mínima y se ubique como un destello entre tus cejas. Deberás liberarte por completo de cualquier distracción externa y de tus pensamientos en este estado de no-pensamiento; este es el estado más elevado de la meditación. Comenzarás a recibir energía cósmica cuando estés en este estado, y tus siete chakras estarán completamente equilibrados. No es fácil para las personas normales, como nosotros, alcanzar este estado; por eso, sigue intentado hasta que lo consigas. No te desanimes si fracasas al principio; sigue intentando.

Diferentes formas de meditar y sus beneficios

Existen varias maneras de meditar y puedes usarlas según tu conveniencia y tus necesidades. Como se describió anteriormente, puedes curar algunas enfermedades comunes a través de la meditación. Se conocen diferentes formas de meditar, cuyo uso depende de la causa y los efectos que deseemos lograr con la meditación. Pero hay también otras formas de meditar, que son las siguientes:

Meditación de sanación energética

Meditar tiene numerosas propiedades curativas, porque tú puedes enviar la energía cósmica a las partes de tu cuerpo en que hay dolencias. Durante la meditación sanadora, envías esa poderosa energía cósmica directamente a la zona que necesita ayuda. Cuando el flujo de energía en tu cuerpo es el apropiado, te mantienes saludable. Pero cuando el flujo de energía cósmica de tu cuerpo está bloqueado, habrá enfermedad o afecciones. Sigue estos simples pasos para la sanación energética:

1. Siéntate erguido y cierra los ojos.
2. Respira lenta y gradualmente, tal como se describe en la sección previa de este libro.
3. A medida que inhalas el aire fresco, siente que estás inspirando la fuerza de la energía cósmica a través del plexo solar. Imagina esta energía cósmica como la sanadora de todos los males que aquejan a tu cuerpo.
4. A medida que exhalas, dirige delicadamente esta fuerza aérea a la

zona afectada. Si no hay una zona específica, puedes difundirla por todo tu cuerpo.
5. Repite estos pasos por unos minutos para conseguir una sanación adecuada.

Meditación de mantra universal

Esta técnica de meditación proviene de un famoso libro indio llamado *Malini Vijaya Tantra*, que fue escrito hace 5.000 años. Esta meditación usa un mantra como objeto de concentración, en vez de la respiración. El mantra más usado para esta técnica es *Om*, que es una vibración primordial del universo y se conecta con nuestro ser espiritual. No se trata solo de pronunciar "Om", sino de estirar el sonido. Escucha audios de mantras para aprender a cantarlo. Si quieres, puedes cantar este mantra en voz alta, o repetirlo para tus adentros. Sigue estos simples pasos para la meditación de mantra universal:

1. Repite los pasos de respiración de la primera sección y luego canta el mantra *Om* silenciosamente.
2. Para lograr el éxito con esta técnica,

debes permitir que tu mente divague por un momento, antes de que se concentre afinadamente en el mantra. Aun cuando te estés enfocando en el mantra, no te esfuerces demasiado por concentrarte en él. Empeñarse demasiado en la concentración hará que tu mente descienda a las profundidades. Repite el mantra con un mínimo esfuerzo para darle tiempo a tu mente a recorrer el hiperespacio por un rato.
3. Resiste la tentación de lograr algo y deja que el mantra lo haga por ti.

Meditación de relajación

La meditación de relajación es una de las más antiguas formas de meditar y es de gran ayuda para relajar tu cuerpo y mente y librarlos de las distracciones externas. Sigue estos simples pasos para la meditación de relajación:
1. Siéntate cómodamente con la columna erguida.
2. Deja que tus ojos descansen cómodamente hacia abajo, mirando sin

fijar la vista en nada en particular.
3. No cierres los ojos y deja que los párpados caigan de la manera más confortable posible.
4. Continua con la mirada hacia abajo. Notarás que tu respiración se torna más centrada y rítmica.
5. Está bien que permitas que tu atención se vaya a la deriva, por un tiempo. No esfuerces los ojos y dejalos descansar si no te sientes cómodo. Si sientes los ojospesados, ciérralos por unos minutos. Trata de mantenerte en ese estado de relajación.

Conclusión

La meditación es la mejor manera de desestresar la mente y el cuerpo, y no tiene efectos adversos. Mucha gente, a lo largo y ancho del mundo, usa la meditación como una manera de conectar su ser biológico con su ser espiritual. Los yoguis y monjes consiguen un elevado estado de meditación y están totalmente libres del mundo de la tensión y el estrés. Tú también puedes meditar como medio para iluminar tu Yo interior y alcanzar el zénit de la bondad y el bienestar.

Este libro te ha brindado conocimientos básicos acerca de la meditación y sus diversas técnicas. Si no te sientes bien mientras intentas alguna técnica de meditación, debes consultar con tu médico de cabecera. Sin embargo, la meditación no trae ningún efecto secundario. Es la mejor manera de sanar enfermedades crónicas como dolores, tensiones, sinusitis, insomnio, entre otras. Prueba con meditación si estás padeciendo algunas de estas dolencias. La meditación también es de gran ayuda para paliar enfermedades degenerativas como la diabetes, el hipo o hipertiroidismo, o la hipertensión. He conocido a varios monjes, provenientes de diferentes partes del mundo, que anteriormente padecían alguna de estas enfermedades. Ahora, luego de aplicar profundas técnicas de meditación, los síntomas de estas dolencias prácticamente han desaparecido y se ven saludables y lucen más jóvenes que otras personas de su edad. Por todo esto, medita a diario para brindarle a todo el mundo tu amor y compasión, a la vez que te sanas a ti mismo del estrés y la ansiedad.

www.ingramcontent.com/pod-product-compliance
Lightning Source LLC
Chambersburg PA
CBHW071913070526
44583CB00016B/1963

do not have, remind yourself of all of the things that you do. A negative mindset is one that ignores all the chances for goodness. It is one that chooses not to see these aspects of life.

It is time to use gratitude. Gratitude is the appreciation of the things that you have in life. Both good and bad, you can find underlying gratitude. It is not about being thankful for every single thing you have. You are merely noticing how these things have a positive impact on you.

Think of something bad that has happened to you. What did you learn from this experience? What knowledge did you gain for the future? How were you able to go through this experience and still come out stronger because of it? These experiences are things that we can find benefits from, even if it was something horrible, we never wish to go through again. There is still at least one lesson you can pull from it. Here we are just trying to find the diamond in the rough.

You are picking out that one small little beam of light through all the darkness. This does not make what happened okay, but it can help to change your mindset.

So, what lessons have you learned?

There is always something, albeit small, that is available to change your perspective for the better. It's up to you to find the gratitude in it. Continue to focus on your breathing as you notice these negative thoughts flowing away and creating a more positive mindset. Notice the negative thoughts slowing down. This makes it easier to focus on that positive energy and the bright light that beams down on your life.

Focus all of it on the good that you already have. Be ready to create more. Breathe in appreciation for everything that you have.

Breathe out of any hate or anxiety you feel for the things that you don't have.

Breathe in joy and appreciation for all that which surrounds us. Breathe out resentment and jealousy over people who seemingly have more than you. Breathe in the realization that you can get whatever you want. Breathe out the idea that you will be happy only when you have certain things.

Remember, it is essential for us to be incredibly appreciative of all that we have. Focus on this rather than focusing on all of the things that you still have to gain. One day, if you achieve all of these things, is that the only time that you are allowed to be happy? You should find a way to be positive, all of the time. Don't limit the moments in which you show gratitude or appreciation.

You can be a happy individual at all times in life. You do not have to wait for good things to happen to feel or show happiness. You can do this at any moment. Breathe in the idea that it is okay to be happy. Breathe out any guilt you have over having a positive mindset.

There is no endpoint for happiness.

We were taught to keep a negative outlook, believing we are destined for misery, and only show appreciation for material things or monetary gains. We were instilled with thoughts that we are only allowed to be happy at the end of hard work. Struggle, reap the benefits, repeat. But there's no time like the present to interrupt this cycle.

You do not have to live like this. You can enjoy that struggle, and you can appreciate your time as you grow in life. You do not have to wait for the end to exhale and feel whole. You do not have to wait until you have everything that you've ever wanted to be happy. You are allowed to be happy right now.

Positive Thinking Meditation

Breathe in the idea that you are going to focus more on being happy now. Breathe out the idea that we have to have things to feel good. Bad doesn't always mean, negative. Negative doesn't always mean bad. We can find appreciation from our greatest struggles. We can pull something of value out from all of the dust once it settles.

There will be struggles. A positive life is not one absent from challenge; a positive life is filled with gratitude, positivity, and appreciation for the challenge. The chance to improve.

Make a promise to yourself right now that you will do your best to power through any issue. Breathe in the idea that you're going to enjoy the journey. Breathe out the idea that you have to wait until the end of the turbulence to be happy.

Breathe in the idea that you are going to have a positive mindset throughout your entire journey. Breathe out the idea that you have to torture yourself and feel anguish over all of the challenges that you might have to endure. Focus on your breath once again. Notice as the air continues to come into your body, and how easily it leaves.

We can be grateful for this. We can have so much appreciation over the way that our bodies continue to breathe. How grateful are we that we can easily fill our bodies with air and push it out without any effort! So many individuals are not able to breathe, or move as we do. This is a small thing that we can start to understand and cherish. Think about this as you breathe in again. We're going to count down from ten. Breathe in for the first five and breathe out for the last five.

Ten, nine, eight, seven, six, five, four, three, two, and one.

Notice all of the things that you can be grateful for. Be appreciative of your health.

Be appreciative of your mind. Be appreciative of your body. Whenever you are looking at the things that you do not have, instead cherish what you do. It is only after something has been taken away, do you miss it. Only then might you be able to find happiness and appreciation. Don't wait for this to happen. Practice gratitude now.

We are going to end this meditation now, but that does not mean your positive mindset is coming to a close. This is just the beginning.

As this meditation comes to a close, you can choose to start the day more relaxed, with gratitude and appreciation, or at the end of the day and drift off to sleep feeling at peace.

Countdown now from twenty. Breathe in for five and out for five, in for five and out for five.

Twenty, nineteen, eighteen, seventeen, sixteen, fifteen, fourteen, thirteen, twelve, eleven, ten, nine, eight, seven, six, five, four, three, two, and one.

Chapter 2: Positive Thinking Hypnosis

Hypnosis is a different, stronger form of meditation. It is something that needs more guidance as you progress. With this practice, we will provide you with commands that help reshape your brain. Let your mind wander and keep it open so we can provide you with the right kind of tools to tweak the way you think ever so slightly.

You need to be completely relaxed in order to be properly hypnotized. We are going to start this hypnosis first by making sure that you are regulating your breathing and that you are free from any tension. Once you have found that relaxed state of mind, it will be easier for our guided hypnosis to tap into the deepest parts of your brain. Make sure that you are willing to let your thoughts go and don't stay too attached to any negative emotions that pass through your mind in this process.

Let us take the drivers wheel to your thoughts and take you to a place of consistent relaxation.

These thoughts and commandments will make it easier for you to keep a positive outlook each and every day. Towards the end, if you stick with it, you will be astonished at the vast improvement to your overall mental health.

Hypnosis for Life-Changing Positive Thinking

This hypnosis is going to be a little bit different from the guided meditations we have previously gone through. What you're going to do first is to make sure you are in a very comfortable seated position where your legs and your arms are loose. You don't want to keep anything bent to the point where you might cut off circulation. Position yourself in a way that blood can flow easily through your body. This hypnosis is guided in a way that you are sure to experience thoughts placed in your mind through repetition.

These are going to help you better create a positive mindset rather than trying to do this all on your own. We are going to be giving you what you need to understand. These are your daily thoughts, and things that you are going to constantly need to remind yourself. We will use these thoughts to rewire your brain.

It can be challenging to find a positive mindset on our own in some circumstances, but. the aid of a mental exercise can help. Make sure that you are in a good mood, keep an open mind and ready to get into a positive place. You are choosing positivity now because you want to feel better.

Begin by noticing your breath. Notice it come in and out, in and out. It is a very natural process that is making you feel so much better from the moment you begin.

The air needs to cycle through your body because it is what's helping you get stronger and grow into a healthier person. It keeps your blood regulated, which is very important for feeling good. When your mind feels good, your body is going to feel good, and that will show. Keep your eyes open for just a moment. Right now, look up as high as you possibly can. Do not move your head. Only look using your eyes. Look up so high that you can see your eyelids. On three, you're going to snap forward and look straight ahead of you. Then we're going to close your eyes and countdown, so first begin by looking up. Look up as high as you can.

Positive Thinking Meditation

You should only see your eyelids and nothing else. Do not move your head. On the count of three, you're going to snap and then look straight ahead.

One, two, three.

Now, place your head gently back onto a pillow or something else where you can rest it comfortably for the next several minutes.

Begin by breathing in, once again. Breathe in as we count down from five. Breathe out as we count up from five. Counting down is going to get you prepared and counting up is going to help build that energy so that this hypnosis is a lot easier. Breathe in for five, four, three, two, and one. Breathe out for one, two, three, four, and five. And again. Breathe in for five, four, three, two, and one. Breathe out for one, two, three, four, and five.

You should now be incredibly relaxed and

focused. It is time to make a promise to yourself. This hypnosis is going to be like a contract that you are signing with yourself, to think more positively. By the end, you should have a new, healthier mindset that will take away the mental blocks and make it easier for you to get the things that you want from life. No longer will you have to live with mental anguish, constant anxiety, or depression that only makes it harder for you to find happiness.

You are doing something good here. You are doing something healthy.

Staying positive is never a bad thing. Being positive is good. It is going to help you achieve the things that you want the most.

The first promise that you are going to make to yourself is to always look for the positives. You are going to do whatever you can to make sure that you see the bright side. Your mind is going to have to learn how to be able to pick up on a different perspective.

No matter what happens in life, you will now be an expert at finding the good. Even in situations that are difficult with no silver lining, you will know exactly what you need to do in order to find the positive side. You will be able to recognize the good from the bad.

This does not mean that you will lose your grasp on the reality of the situation. There are plenty of bad situations that you have to deal with. Each one with varying degrees of severity. Knowing how to find the positives doesn't mean that you are ignoring it.

You are now somebody who is focused on making sure that the positives are more apparent. We don't want to overlook the positive, just like how we might overlook the negative. You are going to be able to pick up on both sides of the coin. You will realize the black and the white while understanding that the gray still exists.

No matter how small this distinction might be or how fine the line is, you will understand the truth.

Let's do another breathing exercise now to make sure that this sticks in your mind. Repeat this, as a promise to yourself.

Say now, "I will always look for positivity."

To establish this further, let's breathe in again. Breathe in now for five, four, three, two, one, and breath out for one, two, three, four, and five.

Repeat, "I will always look for positivity."

Breathe in now for five, four, three, two, one, and breathe out for one, two, three, four, and five.

Now let's move on to the next commandment. You are always going to accept the things that are out of your control.

Positive Thinking Meditation

A positive life does not mean one where we will never have to deal with negative issues again. We are always going to run into things that are beyond our control. Now, at this moment, completely relaxed, happy, open, and free, you are also accepting of all things.

You are going to know exactly what to do in a situation where you don't have all of the power.

It is not always going to be that easy, but when you are dedicated and passionate, you can make sure to keep a positive mindset.

When you are presented with a challenging situation, you will be able to identify if you have any control over it or not. You will be able to understand whether there is something that you can change, or if things are just the way they are for a reason.

You are always going to look for a way to find positivity, but when you cannot, you will focus instead on making sure that you at least have a good mindset. When you are continuously focused on the negative and not looking for ways to make it a positive experience, that is only going to hold you back.

You have to realize that it is going to be a struggle, and there will still be challenges. You are promising to yourself that you are going to accept the things that are out of your control. You are okay with this because you know that in the end, it is going to make you a stronger person.

You know you can't control other people. You are aware that there will always be a certain level of uncertainty, even in the most planned out situations. You understand that even when we have a specific outcome in mind, things still won't end up looking exactly the same as we might have predicted. You accept the fact that you will not always

Positive Thinking Meditation

be able to change these situations. You are very aware of things that you control and the things that you cannot. You are going to use a positive mindset to help you work through the issues that you have.

This is a promise that you're going to make to yourself.

Continue to focus on your breathing. Notice the way that the air is coming in and the way that it is leaving your body. This is to help keep you relaxed and let these thoughts come into your mind as if you were creating them on your own.

Breathe in now for five, four, three, two, one, and breath out for one, two, three, four, and five. You promise to accept the things that are out of your control.

Repeat this phrase: "I will accept the things that are out of my control."

Breathe in now for five, four, three, two, one,

and breathe out for one, two, three, four, and five.

Repeat one more time. "I accept the things that are out of my control."

The next commandment is that you are always going to look for ways to include more positive activities into your life. There are many things that we can do, aside from having a healthy mindset to increase overall positivity. This includes things like eating healthy, exercising, getting the proper amount of sleep, and hanging out with people that we love. Also doing artistic activities, mindfulness activities, puzzles, and other fun solitary games will increase your ability to focus.

You are always going to look for things that make you feel good. It doesn't have to be one of these activities. These are just some common things that people enjoy to help make themselves feel good. You are promising yourself now that you will find something that makes you happy.

Pick out an activity that you can do when you are extremely stressed. Find something that will always put you in a better mood. You are going to be looking for something to increase your overall good feelings. You will be able to better decipher the difference between something that makes you feel good and something that you just simply feel obligated to do.

You don't have to subject yourself to tasks that you don't actually enjoy. There will always be certain things that we have to do, like chores or going to work, but you will know how to keep a positive mindset throughout these situations. You are always going to be looking for ways that you can include more positive activities in life. You are dedicated to yourself, to make sure that you are spending time alone and growing your skills that you enjoy more than anything else.

Breathe in now for five, four, three, two, one, and breath out for one, two, three, four, and five.

Repeat after this phrase, "I am going to look for ways to include positive activities in my life."

You are dedicated to making this promise to yourself because you want to live a happier and healthier lifestyle. You no longer want to live in misery, where you don't feel like you have an identity, or where you can find joy from simple things that you used to do.

Repeat the phrase for is one more time. "I am always going to look for ways to include more positive activities into my life."

Breathe in now for five, four, three, two, one, and breath out for one, two, three, four, and five.

Moving on to the fourth commandment. You will allow yourself some discomfort from time to time. Don't try to avoid these uncomfortable moments, whether it is stress from work or a relationship issue, you have accepted that life will always have its flaws.

There will always be moments that you wish that you didn't have to go through. This might include significant change or loss. These are natural things in life that should not be ignored. We cannot pretend as though we are free from ever having to experience a bad situation. There will always be challenges that you have to learn how to overcome.

The best way to overcome these things is through the use of your positive mindset. You are going to be able to work through these challenges because you are thinking positively. You are going to be able to pull yourself from even the most challenging situations because you understand what it takes to live happier and healthier. You are aware of all the ways that a positive mindset is going to help you work through some of these most challenging issues.

You are going to keep the endpoint in focus and not just the bright side. You now know that you are stronger and better because of these issues, especially in the aftermath. You are promising to yourself that you won't avoid these situations. You are not somebody who pretends everything is fine. You are going to confront the issues head on.

You will come face to face with your biggest fears and your greatest struggles. You will know exactly what it takes to get through the most challenging situations. You are going to be incredibly understanding that there will always be moments in life that we wish didn't happen. You are going to know exactly how to get through these. You are going to do everything within your power to make sure that you are living a healthier life in the long run.

Breathe in now for five, four, three, two, one, and breath out for one, two, three, four, and five. Repeat this statement. "I am going to allow myself to feel discomfort in order to learn."

This does not mean that you will be intentionally torturing yourself. This also does not mean that you are living in constant misery. It simply means that you aren't going to run from fear. You will not run from the hard situations.

The fifth and final commandment is always knowing how to identify a positive. Being able to see the good and pull it out is a skill that you'll need to develop. At first, you're going to be stuck on the negative, and that keeps you thinking everything is always bad.

Rather than continuing on with that mindset, you promise yourself that you are going to be like an investigator in life. You will always be able to pick up on all the clues that lead to something being more positive. It will be a lot easier for you to know exactly what is good and bad in your life.

Breathe in now for five, four, three, two, one, and breath out for one, two, three, four, and five.

You are going to continually remind yourself that you have everything that it takes to live a happier and healthier life. You will always know how to find the positive even the most challenging negative situations. Repeat after this.

"I promise to always know how to identify the positive in everything that comes my way."

Breathe in now for five, four, three, two, one,

and breath out for one, two, three, four, and five. Repeat, "I am always going to know how to identify the positive and everything that comes my way."

You are going to make sure that you are doing everything possible to live a happy and healthy life. You are somebody who is ready to come face to face with the challenging things that you struggle with. You know exactly what it takes to live a happy life. You won't be waiting around for somebody else to tell you what to do anymore. You take action and live the life that you choose.

You are always going to be looking for ways that you can find positivity and even the darkest of times. You are resourceful, and this means using everything that comes your way and recovering value from it, you are exceptionally skilled, talented, and knows what they have to do to get the things that they want. You are somebody who is always going to be looking for ways that you can increase your experiences.

You take value in even the smallest most minuscule moments, and you know exactly what to do in order to make sure that you are living a happier and healthier life. You are not afraid of anything that is going to come your way. You are prepared and ready for all that you will have to face. You are in control of your life.

You are focused on your breathing once again. You feel so grateful for all the air that is coming in and leaving your body. You know everything to find the positive, even in the most negative situations, you are prepared, relaxed. You are calm, you are collected, and you are cool. You are perfectly happy. You are positive, and you are prepared. You are resourceful, and you are virtuous. You will always be looking for the good and all that you see.

Positive Thinking Meditation

As we countdown for 20, continue to focus on this.

Once we reach one, you will be snapped out of hypnosis. You will be able to continue with your life, always living by these commandments that we have wired into your psyche.

You will now either drift off to sleep or move onto the next practice for further learning.

Twenty, nineteen, eighteen, seventeen, sixteen, fifteen, fourteen, thirteen, twelve, eleven, ten, nine, eight, seven, six, five, four, three, two, and one.

Chapter 3: Meditation for Creating Positive Energy

Positive energy can sometimes be hard to find. We all have energy within us that exists and is burning strongly. We just have to learn how to shape that energy into something a little bit more positive. This positive energy meditation for happiness is going to change the way you think. You will wake up feeling energized and refreshed, ready to go head to head with anything that might pose a threat to you during the day. The more that you enable yourself to think positively, the easier it will be to face life's most significant challenges. As with all other meditations ensure that you are in a safe and comfortable space as you begin.

Positive Energy Meditation for Happiness

This is a visualization exercise, so make sure that your mind is free from distractions. There's nothing around you that is going to keep you in any moment other than the present. This moment is about focusing and concentrating on what is good in your life. Get into your relaxed and comfortable place. Make sure you can spread your arms and legs so that you feel free. Since this is a visualization exercise, it's important that we don't keep anything around us tied down to the present. Let your arms hang loose. This is best practiced at night before falling asleep in bed.

During this time, you are your most relaxed and generally at ease from the burdens of the day. You will be able to drift off letting these thoughts sink into your mind. In the morning, you will wake up feeling a renewed sense of self, ready to start a positive and happy day. You can also try this meditation aside from falling asleep. The point is to make yourself as calm and comfortable as possible.

You will be creating positive energy within your mind. It is something that's going to radiate around you. Close your eyes and let your body sink deep into the bed. Make sure that you relax your body.

And again, relax even further, feeling just how much weight you still carry even after telling yourself to calm down. Continue to let yourself sink deeper and deeper into a place where you can be completely relaxed. We regularly go through things that put us in a negative mindset. We are constantly told to focus on the bad things in life so as not to repeat it and that causes us to revolve around toxic mentalities.

While there is plenty of negativity out in the world, it is not something that we have to deal with regularly. We can confront these negative moments head-on rather than letting them be something that controls our entire life. Close your eyes and drift away. Let your thoughts fall delicately around you like snowflakes. You don't have to catch these snowflakes; you can simply watch them fall and collect into piles of snow on the ground. Close your eyes see nothing at all. Everything is black, calm, peaceful, and relaxed. You are letting go of all energy. At this moment, you are completely free from any negative thoughts.

Notice your breathing now. Breathe in now for five, four, three, two, one, and breathe out for one, two, three, four, and five.

Breathe in all the good happy positive and energetic vibes. Breathe out any harmful or toxic thoughts that you have had in the past. Breathe in through your nose and out through your mouth. This is going to help keep you concentrated so that you focus only on creating positive energy rather than ruminating on the negative.

Negative energy is easy to create. You can pick it up all around you. You can walk around attached to negative energy by the people and things that you come in contact with. At this moment you are free, you have released yourself from this poisonous mindset.

Instead, you are going to create a positive one. You are a blank slate. You see nothing out in front of you. Each time a thought comes into your brain, you let it pass by. You don't have to notice. You don't have to give it your attention. And you don't have to give it that much thought. Simply push these thoughts out of your mind. Start now by breathing in again. As we countdown through 10, you're going to be completely relaxed in a place where there's nothing at all. You're just a body floating freely in a black space

Ten, nine, eight, seven, six, five, four, three, two, one.

Everything is black in front of you. You will see one small white dot appear. This dot keeps growing bigger and bigger, brighter, and brighter.

Eventually, you are engulfed in this white dot, that has become a large circle in front of you. It is nothing but white, clean, positive, immaculate, and beautiful snow. It is soft, and clean. It is crisp, and gentle. You look down and notice that you were wearing a pure white snowsuit. It's unlike anything you have ever worn before, and it's immaculate, keeping you extremely warm. Even though you are surrounded by snow, you don't feel any cold at all.

You have gloves on and thick boots with a nice warm cap so nothing can make you freeze. You see the white around you and notice how gorgeous it is. It is so peaceful, calm, and serene. In the past, the snow may have been scary. It can mean icy roads and snowy days. Blizzards can be hard to live through, and nobody likes dealing with the cold. However, at this moment, you see all of the beauty. It is like a white blanket that covers the earth.

It reminds you of the shape of the earth. So frequently we look at nature and see the little things, the trees, plants, rocks, and dirt. But you don't see any of this now. Instead, it is covered by nothing but a white blanket. Of course, this blanket isn't warm. But the way that it connects everything gives you a soothing feeling.

You no longer are looking at each aspect.

Instead, you see the shape of the earth. You see the tall trees and the lumps of the hills. You see the rocks, but only the outlines and all of these things as they're all painted white by the snow. There are a few snowflakes falling around you but it's nothing dangerous. You can't tell if it actually is snowing, or if these are simply little droplets being passed through by the wind. You look in front of you and see that there is a small trail that has been carved out by others before.

It is still covered in snow but not quite as thick of a layer as the rest of the ground. You take a step forward in front of you, and you see a large mountain. Of course, it is only going to get harder to climb the higher you go, but you see at the top what incredible sights await you.

You are prepared. It will be a short walk, so you decide to take a step forward. You have all the tools that you could ever need. Your snowsuit is going to keep you incredibly warm, so you won't have to worry about frostbite or chills on your body. You have a good hat, and everything else that is going to make you safe. You don't have to worry about anything. You are so appreciative of the crystal beauty that's around you. You can see the sun still shining bright, reflecting against the snow.

If the snow weren't here, you would not need these clothes, and you would still be able to accomplish the same thing. You are so appreciative of your ability to go for this incredible walk.

You continue to look forward, and stop looking back because it doesn't matter how far you have come. You will be able to look back eventually as you get closer to the top.

You look ahead and see that you are almost at the top of the mountain. Now, you can see the top of the white trees peeking through some of the deep snow piles on the ground. You feel the strain in your legs, but it is refreshing. It is a mild pain that reminds you of how strong you are. It feels so incredible to remember you are alive.

Finally, you've reached the peak of the mountain. You feel incredibly overwhelmed with beauty. You look down below you and see all of the amazing things that are covered in a thick blanket of snow. All of this incredible nature is still going to be there after the snow disappears, and the warmth comes back, life here will always thrive. Right now, it is just in a resting period. This is incredibly beautiful. The snow limits us, and that forces us to stay inside and relax. It is a reminder that just like the trees, we too need periods where we just do nothing.

We need times where we can stay frozen at the moment and not have to focus on living or thriving. It is okay to simply be content every once in a while. You look down at these trees and realize how appreciative you were of the struggle of climbing up the entire mountain. These trees all look so gorgeous beneath you. The thick blanket reminds you of just how powerful the earth that we live in is. Who could have ever imagined that something so beautiful could come just from some seeds in some soil?

This site as a reminder that there is value in the struggle. Climbing the mountain isn't easy, but looking back on it now that challenge was so easy in retrospect.

This is a metaphor for your life for you then. As you take in this moment, feel the air fill your lungs. Breathe in through your nose and let the crisp winter air kiss your face with a refreshing bite.

Breathe out any fear or pain that you have been holding on to. Now here at the top of the mountain is the exact place that you can finally let go of all the baggage that has been holding you down. Your negativity has been like a mental chain, keeping you trapped in the same thinking patterns.

Being on top of this mountain reminds you that you don't have to live this way. There's a vast world below us, and so much to discover. If we keep ourselves limited by our negative thinking, then we will never be able to appreciate this moment fully. If you had chosen to turn away from the mountain and not climb it just because it looks like a steep hill, then you would not be here now. You would not be at the top of this mountain looking down and seeing all the beauty that's beneath you.

This is what you are going to use to remind yourself to work through your negative thoughts. Yes, there's still going to be challenges. You will continue to have moments that aren't the greatest. There will be times when you wish you could be somewhere else. Remember this mountain, close your eyes and breathe in, take a deep breath in through your nose and out through your mouth, and remember the cool fresh air that rejuvenates you. It reminds you that you are alive. It tells you that you are a fighter. It is the recognition that the struggles we go through are always going to be worth it in the end.

This beautiful sight is something that you will always cherish. This is going to be a time in your life that you continue to remember to create positive energy.

Breathe in the fresh air. Breathe out any fear. Breathe in the cool breeze. Breathe out any regret or resentment.

You sit down on the mountain and appreciate the beauty, the trees, and the way that they move through the breeze, almost looks as if they're breathing. Continue to breathe in for five and out for five, in for five and out for five.

Breathe in now for five, four, three, two, one, and breathe out for one, two, three, four, and five.

The night is coming, and you see the sun setting. It is gradually getting darker and darker.

You are always going to use this image as a reminder of the positivity you can create in life. You no longer fear anything bad happening to you. You know that even the challenges are going to be something that makes you stronger. In the end, even when the mountain seems too high or too steep to climb, you will remember the beauty that is waiting for you at the top.

Once you are at the top and able to look down and see just how small each little step was that you took it will be easier to continue on, even in the most challenging of moments.

Breathe in now for five, four, three, two, one, and breathe out for one, two, three, four, and five.

As we count down from 20, you will be out of this meditation, you will be able to create positive energy and wake up rejuvenated ready to climb that mountain.

You can now sleep or move on to the next meditation.

Twenty, nineteen, eighteen, seventeen, sixteen, fifteen, fourteen, thirteen, twelve, eleven, ten, nine, eight, seven, six, five, four, three, two, and one.

Chapter 4: Affirmations for Positive Energy and Thinking

An affirmation is a positive statement that reminds you of critical thought. In this meditation below, we have listed a number of affirmations. These are written from a first-person perspective. You can either repeat them back after they are declared or let these thoughts flow into your mind as if they were your own.

We don't always realize just how often we repeat negative affirmations to ourselves. Rather than letting your mind continue to be filled with negativity, look for a way to completely turn your outlook around. You'll want to start to notice the negative things that you say to yourself. These might notice these phrases popping up unsolicited throughout the day: "I am not good enough," or "I am not able to complete this task." These affirmations seem so normal to us now, and positive ones might make us feel uncomfortable. Remind yourself that you deserve to be compassionate towards yourself. Always look for ways to include positive thoughts even if it's difficult to find them.

Throughout this meditation, ensure that you are allowing yourself to believe and understand the statements fully. You can pull some of your favorite ones and repeat them everyday, or you can write them down and keep notes around your house so that you stay positive. Look for creative ways to include these affirmations in your life, but most importantly practice the other breathing exercises we have discussed in this book to make it easier for these thoughts into.

Affirmations for Positivity

I am a strong independent person. I do not need to depend on anyone. I am able to take care of myself. I am worthy of everything that comes my way. I understand how to get the things that I want from life. I am completely aware of the things that I am in control of. I'm not afraid of the things that are outside of my control.

I am a capable human being who can achieve anything I set my mind to. I will not let the fear of failure hold me back. I understand that sometimes, failure is a part of the process. I am aware of how to use my mistakes to improve as an individual. I do not need to depend on anybody else for my own happiness. I do not place blame on other individuals for my own mistakes. I do not blame anyone else for the bad things that have come into my life. I am aware of the way that other people might influence certain things in my life, but I am not going to blame them for these things.

I understand what I have to do to achieve the things that I want. I am a motivated person. I am able to motivate myself to get things done. I do not look for any outside sources of motivation. I have the ability to self-reflect and motivate myself from within. I will always honor myself and do what I can to look out for me.

I will always respect myself and the goals I set so I can achieve the things that I want. I know how to set goals and my mindset to be a happier and healthier person.

I am somebody who is actively committed to living a better and healthier life. I am always going to look for methods to improve my life. I will always seek out the moments that make me happier.

Positive Thinking Meditation

I am dedicated to doing the right thing. I am focused on getting the things that I want from this life because I know what I deserve. I am not afraid of being an individual who is not going to get the things that I want. I know exactly how to get the things that I desire the most. My ideas are clear, I have clear and realistic goals, I also have realistic expectations for the things that I will get from this life.

I do not hurt myself. Once I do not achieve a goal. I do not punish myself just because I don't get something that I wanted. I do not hurt myself because I am not happy with who I am. I only love myself. I love the person that I am. I use constant compassion to build myself up. I'm able to self-reflect in a healthy way.

I am aware of my flaws but I do not beat myself up over them. I know the things that I need to work on. I understand my weaknesses, but I do not let these define me as somebody weak. I know how to change my life in order to get things that I want. I will not let these weaknesses hold me back.

I am aware of these weaknesses and I am ever vigilant of working on them. I understand my flaws and recognize that they make me a unique and interesting individual. I have my own thought processes that are very important to the creativity and uniqueness that I exude.

I let go of all my negative feelings, and instead replace them with positive thoughts. I am able to self-reflect on my negative thoughts in a healthy way, and make sure that I turn them around. I know how to seek out the positive and everything that comes my way. I am aware of the way that I can switch a negative perspective and turn it into a positive one. I choose to be positive every day. I understand what a privilege it is to be able to think within the full scope of your mind. I understand there will still be some days where I can't think positively, but I'm going to commit myself to always trying my best.

I let go of the negative thoughts and emotions of the past. I do not keep myself attached to the toxic mentality that has kept me chained back before. I embrace positivity, and I'm not afraid to be a happy person. I recognize that I am allowed to be happy. I am aware that it is okay for me to be positive. Just because other people aren't positive does not mean that I am not allowed to be.

I can be happy. I will be happy. I am happy. I am comfortable with the person that I am. I am happy and grateful for my body. I understand that I could change things if I wanted to, but I am learning to accept me for me. I do not wish to be anybody else. I hope to change things for the better, but I still appreciate my unique characteristics. I admire other people, but I do not emulate them. I am myself. I am an individual. I have my own important character.

I am aware of all the things that I want to change about myself. I only have realistic expectations and look to change myself for the better. I am grateful for who I am. I am appreciative of the experiences that I have had because they have shaped me into the person I am today. I accept everything that has happened to me, because if not, then that would mean that I might not be the same person. I still have things to work on, but I am appreciative of the character that I have right now.

All the things that I have experienced have created the person that I am. I am thankful for these experiences because I love who I am, I am happy with the person that I have become. I do not want to know what might have happened if anything else had gone a different way. I'm accepting that this is the reality and I am not going to try to change it anymore.

I am only looking to build a better and brighter future. I am very aware of everything that I need to do in order to get the things that I want. I am powerful, and I am capable. I am able, and I am willing. I am ready, and I am excited. I am not afraid. I am not frightened; I am not going to let anything stop me. I'm always going to look for a way to improve my life. I am a happy person. Everyone around me knows that I am a happy person. My life matters, and it has value.

I have value as an individual; my character has virtue and will share that with others. I am inspiring to myself and to the people that are around me. I am able to accomplish anything that I set my mind to. I permit myself to be positive, and to be happy. I know that being negative is not going to help me. I know that having a negative mindset is only going to hold me back.

I am aware of all the useful things that I do in this world. I am able to contribute to others and to my own life. I use positivity to get me through the most challenging moments in life. I am able to let go of any negative feelings that might come my way. I make the right decisions and use positivity to get me through. I have a high level of virtue.

I focus on healing my inner child, and I make sure that my choices have integrity. I look for ways to work past my negative thoughts. I know how to get to the root of thought. I know that my past experiences have created the person that I am today. I accept the things that have happened to me, but I do not let them define me. I create my own definitions.

I understand that my situation worked out exactly as it needs to be. I understand that even though something might not be good now that there is a plan and I will be able to see positivity in the end. Even though not everything might happen for a reason, I can still find a reason for everything that has happened.

I use hope and optimism to expect the best. I do not attach my feelings to situations, so I am not disappointed if things don't go the way I planned. I know that I will still be strong enough to push through. I can use positivity to make sure that I make it through any situation that comes my way.

I refuse to give up because I care about myself. I love who I am, and I'm always going to fight for the best.

Conclusion

The best way to get the most from each of these activities is by repeating them on a daily basis. We have been taught having a negative mindset is the norm, so it's not easy to instantly switch your thought process. In order to ensure that you are going to be living the happiest and healthiest life possible, always look for positivity.

It is not going to be an easy task to do each day that you wake up, but we must choose to look at things from a positive outlook. Always keep an eye out for any healthy habits you find along the way that might help. We have a series of other meditative books that can help you find the best combination needed for a healthier mindset.

Check out things such as weight loss or sleep meditation in order to help you achieve the great things that you want in this life. Never be afraid to reach out for other resources and tools needed to change your mind. You have the power to do all this on your own. Our brains are incredible.

It's time that we use our minds to their full potential. Consistently noticed your thoughts and point out anytime that you might be having negative feelings passing through your brain. look deep at the root to resolve these issues. The key to positive thinking is consistency. It's not always about ignoring the bad and living in a way that you have a more delusional mindset. Positive outlooks can be very valid. Although there might be something negative happening in the world, being positive about it isn't the worst thing possible. Ensure that you are always checking in with your emotions, and staying true to yourself. Some days will be harder than others so it's okay to just take a break at shut out the rest of the world for a moment.

What matters most at the end of the day is that you were making sure you are taking care of yourself first. Your mind is the control center, and if this isn't properly managed, it will have dire effects on the rest of your body. Changing thoughts means changing habits, so give yourself some time in this transition period. You will be able to discover the healthy mentality needed to live a better life!

www.ingramcontent.com/pod-product-compliance
Lightning Source LLC
Chambersburg PA
CBHW060411080526
44583CB00012B/534